동화로 읽고 명화로 보는 그리스 로마 신화

외짝 신의 사나이 이아손

글 · 김경희 | 그림 · 박정호

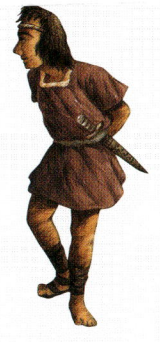

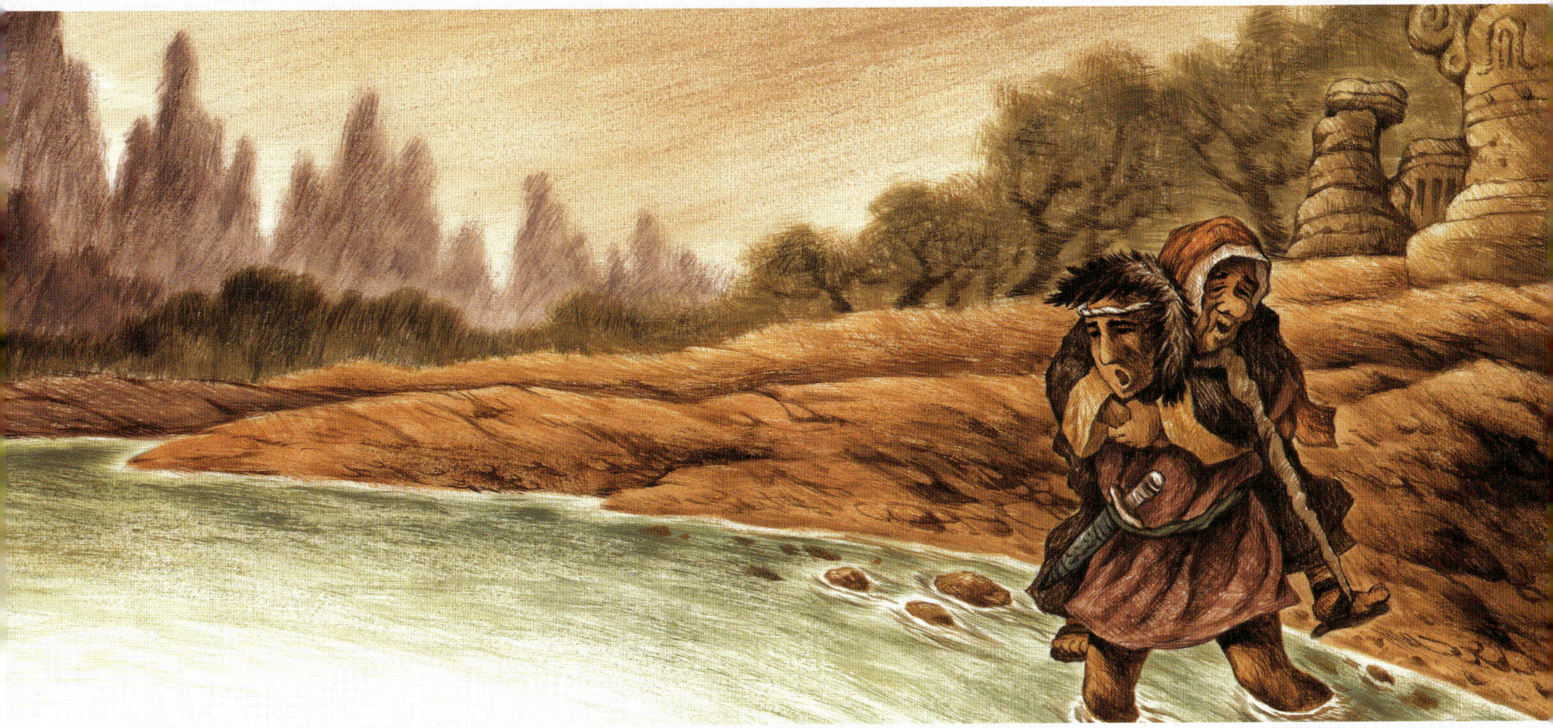

도서출판 고래

아득한 옛날, '이올코스'라는 나라에
나이 많은 왕이 살고 있었어요.
그런데 왕이 늙고 병들어 기운이 없어지자,
동생인 펠리아스가 왕국을 빼앗아 버렸어요.
왕은 이아손이란 어린 아들을 안고
산속으로 몰래 도망갔어요.

산속에는 푸른 월계수로 둘러싸인 신전이 있었어요.
왕이 신전 안으로 들어가자, 허리 위는 사람이고
아래는 말의 모습을 한 케이론이 나타났어요.
"부디 이 아이를 맡아 훌륭하게 키워 주시오!"
케이론은 고개를 끄덕이며 조심스럽게 아이를 안았어요.
이렇게 해서 이아손은 케이론과 살게 되었어요.

신화 박사

영웅들의 스승, 케이론

케이론은 켄타우로스 족 가운데 하나예요. 켄타우로스 족은 허리 위쪽은 사람이고, 아래쪽은 말의 모습을 하고 있었어요. 대부분의 켄타우로스는 성격이 매우 포악했어요. 하지만 이들 중에서 케이론은 성질이 온순하고 의술과 무술 뿐만 아니라 음악, 학문에도 뛰어났지요. 그래서 케이론은 이아손을 비롯해 아킬레스, 헤라클레스 같은 영웅들의 스승이 되었답니다.

케이론

케이론의 가르침을 받고 자란 이아손은
활쏘기와 검술*에 최고가 되었어요.
그리고 어느 누구에게도 뒤지지 않는
힘과 용기를 지닌 젊은이가 되었어요.

*검술 : 칼을 가지고 싸우는 기술.

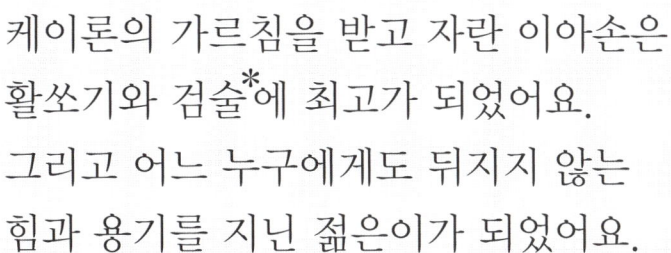

그렇게 15년이 지난 어느 날, 케이론은 이아손을
불렀어요.
"이제 때가 되었구나. 삼촌 펠리아스를 찾아가서
네 왕국을 되돌려 받거라."
이아손은 삼촌 펠리아스가 살고 있는 이올코스를 향해
떠났어요.

산에서 내려온 이아손은 어느 큰 강에 이르렀어요.
강가에는 어떤 할머니가 매우 지친 표정으로
앉아 있었어요.
"여보시오, 젊은이! 이 강을 건너야 하는데,
나를 좀 업어 주겠나?"
이아손은 고개를 돌려 강물을 보았어요.
강물이 너무 세차게 흐르고 있어서 할머니 혼자서는
도저히 강을 건널 수 없을 것 같았어요.

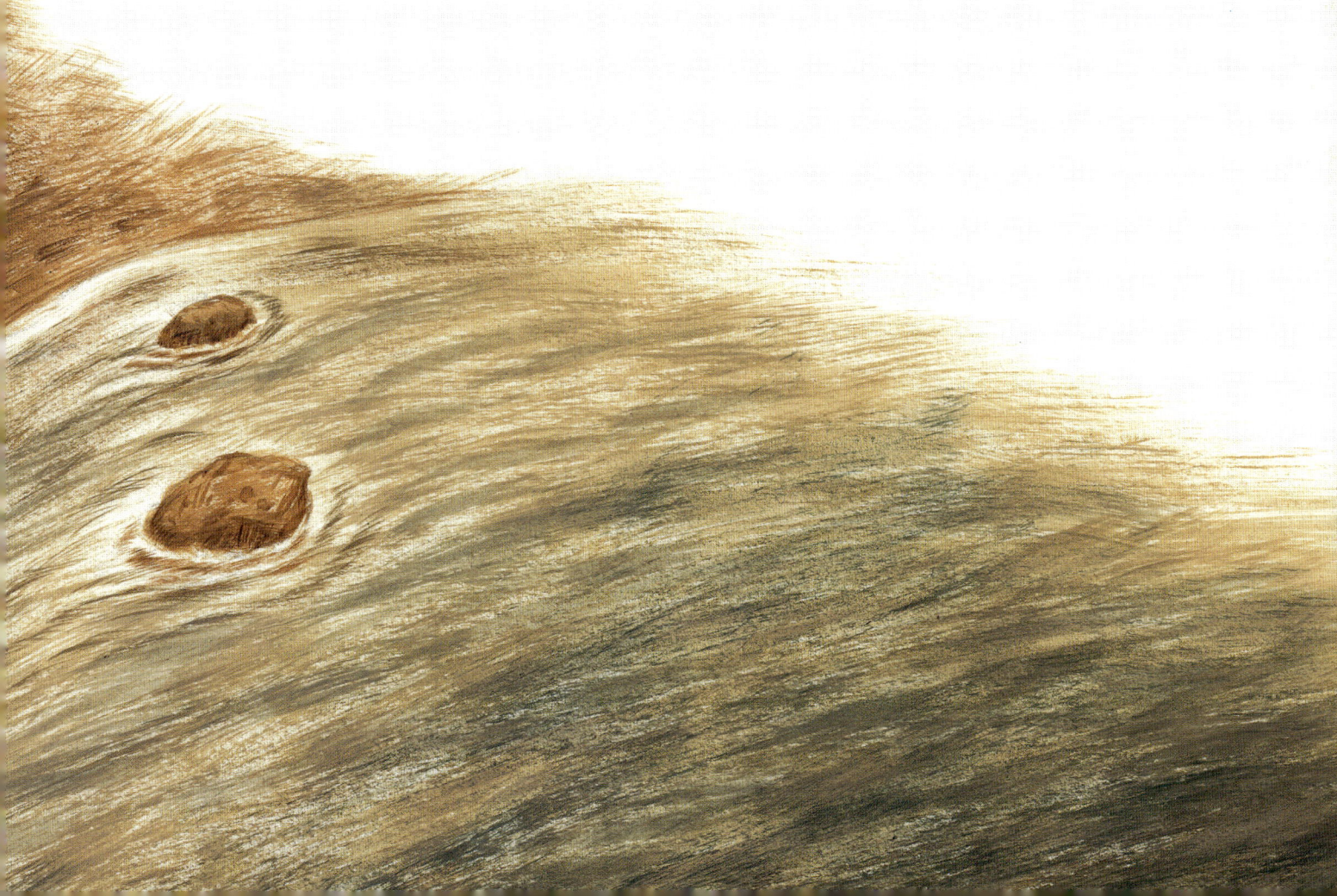

"할머니, 제 등에 업히세요!"
이아손은 공손히 등을 구부리며 할머니를 업었어요.
조심스럽게 강에 발을 들여놓자, 물이 무릎까지 차올랐어요.

'이상하다. 왜 이렇게 점점 무거워지는 거지?'
이아손은 강 안쪽으로 들어갈수록
등에 업은 할머니가 더 무겁게 느껴졌어요.
"그렇게 비실거려서 어디다 쓰겠느냐?"
할머니가 버럭 소리를 질렀어요.
이아손은 화가 났지만 꾹 참았어요.

신화 박사

이아손의 별명, 모노산달로스

이아손의 숙부(작은아버지) 펠리아스는 헤라 신전의 기둥뿌리를 뽑은 일이 있었어요. 이를 기억하고 있던 헤라는 왕위를 찾기 위해 이올코스로 향하는 이아손을 도와주기로 했지요. 할머니로 변신한 헤라는 강가에서 이아손에게 강을 건널 수 있게 해 달라고 부탁했어요. 이에 이아손은 할머니를 업고 강을 건너다 그만 신발 한 짝을 강물에 떠내려 보내게 되었지요. 이때부터 이아손은 '모노산달로스'라고 불렸어요. 모노산달로스는 '외짝 신의 사나이'라는 뜻이지요.

헤라를 만난 이아손

강의 중간쯤에 다다랐을 때, 이아손은 돌에 걸려
넘어질 뻔했어요.
"어이구, 물속에 빠뜨릴 셈이냐!"
할머니는 더 크게 화를 냈어요.
할머니의 호통*에 놀란 이아손은 그만 발을 헛디뎠어요.
그때, 이아손의 신발 한 짝이 벗겨져 세찬 강물에
떠내려가 버렸어요.

*호통 : 몹시 화가 나서 크게 소리 지르거나 꾸짖음.

고생 끝에 무사히 강을 건넌 이아손은
할머니를 공손히 등에서 내렸어요.
그러자 할머니는 아름다운 헤라 여신으로 변했어요.
"젊은이, 내가 받은 친절을 꼭 보답할 날이 올걸세."
여신은 상냥하면서도 근엄한 목소리로 말했어요.
이아손은 그때서야 헤라 여신이 자신을
시험*했다는 것을 알았어요.

*시험 : 사람의 됨됨이를 알기 위하여 떠보는 일. 또는 그런 상황.

며칠이 지나 이아손은 이올코스에 도착했어요.
이아손이 신발 한 짝만 신은 채 거리로 들어설 때였어요.
한 무리의 아이들이 우르르 몰려오더니,
이아손을 둘러싸고 이상한 노래를 불렀어요.
"모노산달로스가 내려와 이올코스의 왕이 된다네."

그때, 그 모습을 지켜보던 한 남자가
놀란 얼굴로 말했어요.
"요즘 이곳에는 외짝 신발을 신은 사나이가
내려와 왕이 된다는 소문이 돌고 있답니다.
그런 모습으로 이곳을 돌아다니면 왕에게
잡혀가 혼이 날지도 몰라요."
하지만 이아손은 아무렇지도 않다는 듯이
당당하게 왕궁으로 들어갔어요.

이아손은 삼촌 펠리아스에게 씩씩하게 말했어요.
"저는 이아손입니다.
아버지의 왕국을 되찾으러 왔습니다."
펠리아스는 속마음을 숨긴 채 이아손에게 황금 양털을
가져오면 왕위를 물려주겠다는 약속을 했어요.
그러자 이아손은 위험한 항해 끝에 황금 양털을 가져와
아버지의 왕국을 되찾은 영웅이 되었답니다.

신화 박사

왕국을 되찾기 위하여!

이아손은 귀중한 보물인 황금 양털을 가지러 가기 위해 원정에 참가할 동지들을 모집했어요.
이렇게 만들어진 원정대는 다양한 재주를 갖고 있는 사람들로 이루어져 있었지요. 특히, 헤라클레스와 테세우스 같은 영웅들도 원정에 참가했답니다. 이들은 그리스 최고의 목공 아르고스가 만든 크고 튼튼한 배를 타고 항해했는데, 이 배의 이름이 그 유명한 '아르고 호'랍니다.

외짝 신의 사나이 이아손

이아손은 이올코스의 왕 아이손과 아르키메데 사이에서 태어난 아들로, 이올코스의 왕자였어요. 하지만 그가 어렸을 때, 아버지가 이부형제(어머니는 같고 아버지가 다른 형제) 펠리아스에 의해 왕위에서 쫓겨났지요. 그래서 이아손의 아버지는 그를 켄타우로스 족의 현자(어질고 총명하여 성인에 다음가는 사람)인 케이론에게 맡겼답니다.

한편 이아손이란 이름은 '고친다.'라는 뜻인데, 이는 이아손이 케이론으로부터 배운 많은 학예와 무술 중에서도 특히 의술에 뛰어났기 때문에 케이론이 붙여 준 이름이라고 해요.

그 뒤, 성인이 된 이아손은 왕위를 되찾기 위해 페이론 산에서 내려와 펠리아스에게로 가던 중 아나우로스 강에서 한 할머니를 만나게 되었어요.

할머니는 강의 물살이 너무 세어 강을 건너갈 수 없다며 이아손에게 도와 달라고 부탁했지요. 이에 이아손은 할머니를 업고 강을 건넜어요. 강 중간쯤 왔을 때였어요. 이아손이 돌에 걸려 넘어질 뻔 하자 할머니는 크게 화를 냈어요. 갑작스런 할머니의 호통에 깜짝 놀란 이아손은 그만 발을 헛디뎠어요. 그 순간, 이아손의 샌들 한쪽이 벗겨져 물에 떠내려가고 말았지요.

고생 끝에 무사히 강을 건넌 이아손은 할머니를 땅에 내려 드렸어요. 그러자 할머니가 헤라 여신의 모습으로 바뀌더니 자신이 받은 친절을 보답할 날이 꼭 올 거라고 하고는 사라졌지요.

이때 헤라는 이아손을 시험해 보기 위해 이 같은 일을 벌였어요. 그 이유는 자신의 신전에 기둥뿌리를 뽑은 펠리아스를 증오(사무치게 미워함)했기 때문이었지요.

 한편 이아손은 한쪽 샌들만 신은 채 그대로 펠리아스 앞에 가 자신이 아이손의 아들이라고 밝혔어요. 또 자신이야말로 명백한 이 나라의 왕위 계승자이니 왕위를 되돌려 달라고 말했지요.

사실 펠리아스는 아이손을 내쫓고 왕위를 차지한 뒤, 델포이 신전에서 한쪽 발에만 샌들을 신은 아이손 가문의 남자가 나타나 자신을 내쫓을 것이라는 신탁을 들었어요. 하지만 곧 잊고 지내 왔지요.

이에 펠리아스는 이아손을 없애기 위해 한 가지 계책(어떤 일을 이루기 위하여 꾀나 방법을 생각해 냄)을 꾸몄어요. 그에게 코르키스로 가서 영원히 잠들지 않는 용이 지키는 황금 양털을 가져오면 그의 요구대로 왕위를 물려주겠다는 어려운 조건을 내세웠지요.

이아손은 곧 코르키스로 황금 양털을 가지러 가기 위해 원정대를 조직했어요. 이때 케이론 밑에서 함께 자란 헤라클레스, 테세우스, 오르페우스, 카스토르 등의 영웅을 비롯하여 50명의 대원이 모여 원정대가 만들어졌지요. 이 용사들은 '아르고나우타이'라고 불렸답니다.

한편 이들은 그리스 최고의 목공 아르고스가 만든 크고 튼튼한 배 '아르고 호'를 타고 코르키스로 향했어요. 항해 도중 위험한 상황을 겪기도 했지만 이들 일행은 무사히 코르키스에 도착했지요.

이아손은 코르키스의 왕 아이에테스에게 황금 양털을 달라고 했어요. 그러자 아이에테스는 이아손에게 여러 가지 어려운 과제를 내주며 황금 양털을 순순히 주려 하지 않았지요. 하지만 이아손은 아이에테스의 딸 메데이아의 도움으로 과제를 해결하고 황금 양털을 손에 넣었답니다. 그리하여 이아손은 황금 양털을 가지고 이올코스로 돌아와 아버지의 왕국을 되찾았답니다.

GREEK & ROMAN MYTHOLOGY

명화로 보는 신화 이야기

외짝 신의 사나이 이아손

이아손을 비롯한 많은 영웅들이 아르고 호에 몸을 실었어요.

헤라클레스가 사자 가죽을 두르고 몽둥이를 들고 있어요.

| 아르고 호의 항해 (로렌초 코스타)

| 이아손
늠름한 이아손의 모습이 잘 표현된 청동 상이에요.

| 펠리아스와 이아손
노인의 모습을 한 펠리아스가 이아손과 마주하고 있어요.

GREEK & ROMAN MYTHOLOGY

| 황금 양털을 손에 넣은 이아손
17세기경에 그려진 벽화예요. 황금 양털을 손에 넣은 이아손이 서둘러 자리를 떠나고 있어요.

| 황금 양털을 손에 넣은 이아손
이아손이 황금 양털을 지키고 있는 용을 메데이아의 도움으로 잠들게 한 다음, 황금 양털을 손에 넣고 있어요.

| 이아손과 펠리아스
이아손이 아버지의 나라를 되찾기 위해 삼촌인 펠리아스 앞에 나타났어요.

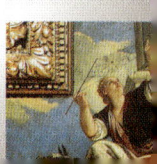

또 다른 신화 이야기

손에 넣기만 하면 행복해지는 황금 양털

아름다운 요정이었던 네펠레와 오르코메노스의 왕인 아타마스는 서로 첫눈에 반해 결혼을 했어요.
그리고 얼마 뒤, 아들 프릭소스와 딸 헬레를 낳았지요.
그런데 네펠레는 자신의 생활에 슬슬 싫증이 나기 시작했어요.
'아, 저 구름을 타고 예전처럼 자유롭게 날아다녔으면 소원이 없겠구나! 하지만 프릭소스와 헬레를 두고 어떻게……'
그러던 어느 날, 참다못한 네펠레가 감쪽같이 사라졌어요.
"아이들을 남겨 두고 사라지다니!"
이 사실을 안 아타마스는 매우 화가 났지요.
이에 얼마 뒤, 아타마스는 이노를 두 번째 부인으로 맞이하였어요.
그러나 이노는 두 아이를 낳으면서 프릭소스와 헬레를 눈엣가시로 여겼지요.
'내 아이가 왕위를 이어받으려면 프릭소스와 헬레를 없애야 하는데……'
이노는 매일 프릭소스와 헬레를 구박하며 그들을 없앨 궁리를 했어요.
이 모습을 지켜본 네펠레는 뒤늦게 자신의 행동을 후회했지요.
결국 이노의 계략에 휘말려 프릭소스와 헬레가 신의 제물로 바쳐지게 되었어요.
그때, 하늘에서 반짝이는 황금빛 양이 내려왔어요.
이 양은 네펠레가 헤르메스 신으로부터 얻어 보낸 양이었지요.
"프릭소스! 이 양을 타고 코르키스로 가거라. 그런 다음 이 양을 제우스 신에게 바치고, 황금 양털은 아이에테스 왕에게 선물로 주거라. 알겠니?"
네펠레의 말을 들은 프릭소스와 헬레는 얼른 양에 올라탔어요.
하지만 코르키스로 가는 도중 양에서 떨어진 헬레가 그만 바다에 빠져 죽고 말았지요.

한편, 코르키스에 도착한 프릭소스는 어머니 네펠레가 시키는 대로 했어요. 이에 아이에테스 왕은 크게 기뻐하며 황금 양털을 아레스 신의 숲에 있는 나무에 걸어 놓고, 영원히 잠들지 않는 용에게 지키게 했지요.
그 뒤 '황금 양털을 손에 넣으면 행복해지고, 잃으면 불행해진다.'는 신탁에 걸맞게 코르키스는 살기 좋은 나라가 되었고, 아이에테스 왕은 어마어마한 부자가 되었답니다.

프릭소스와 헬레

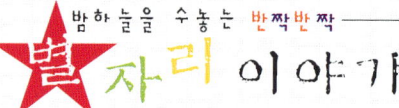

밤하늘을 수놓는 반짝반짝 —
별자리 이야기

헤라클레스가 무찌른 라돈 **용자리**

헤라클레스의 열두 가지 과제 중 11번째는 님프 헤스페리데스가 지키는 정원의 황금 사과를 따 오는 일이었어요. 이 황금 사과는 헤라 여신이 제우스와의 결혼을 앞두고 대지의 여신 가이아로부터 선물로 받은 것이었기 때문에 머리가 백 개 달린 무서운 용 라돈이 지키고 있었어요.

그러나 용감하고 힘센 헤라클레스는 히드라의 독이 묻어 있는 화살로 라돈을 물리치고 황금 사과를 손에 넣었지요.

한편, 헤라클레스의 아버지인 제우스는 헤라클레스의 승리를 기념하기 위해 용을 하늘에 올려 용자리로 만들었답니다.